EDUCACIÓN FINANCIERA

Cómo Invertir en ti Mismo y Gestionar su Dinero para Lograr la libertad Financiera

JAVIER PALACIOS

DERECHOS DE AUTOR

Todos los derechos reservados. No es legal para reproducir, duplicar, o transmitir cualquier parte de este documento por medios electrónicos o formato impreso. La grabación de esta publicación está estrictamente prohibido.

Cláusulas de exención de Responsabilidad

La información contenida en este libro no se debe utilizar para diagnosticar o tratar cualquier problema de salud. Siempre se debe consultar a su médico para sus necesidades individuales, cualquier tipo de medicación o de emprender cualquier programa de acondicionamiento físico. El autor se exime de cualquier responsabilidad que pudiera derivarse directa o indirectamente del uso de este libro

Se anima a los lectores a buscar ayuda profesional cuando sea necesario.

Esta guía es para propósitos informativos solamente, y el autor no acepta ninguna responsabilidad por el mal uso de esta información.

Aunque se ha hecho todo lo posible para verificar la información proporcionada aquí, el autor no puede asumir ninguna responsabilidad por errores, inexactitudes u omisiones.

Derecho de autor© 2019 Javier Palacios

Impreso en los Estados Unidos de Norteamérica

CONTENIDO

INTRODUCCIÓN i
CAPÍTULO UNO 1
Fundación en IQ financiero 1
CAPÍTULO DOS 9
Maneras de lograr la riqueza 9
CAPÍTULO TRES 16
La regla más importante en la inversión 16
CAPÍTULO CUATRO 23
Cómo salir de un desastre financiero 23
CAPÍTULO CINCO 30
La ley del Éxito 30
CAPÍTULO SEIS 41
Allanando tú camino hacia el Éxito 41
CONCLUSIÓN 53
ACERCA DEL AUTOR 56
ÍNDICE ANALÍTICO 57

INTRODUCCIÓN

Uno de los puntos más difíciles en la vida es el sufrimiento y existe en el mundo. El sufrimiento es eminente.

Por supuesto, lo que es igualmente importante es darse cuenta de que la adquisición y posesión de riqueza no mide la felicidad de uno. Si realmente se encontrara la alegría en lo material, entonces todos aquellos que experimenten la "emoción" de ella al entrar en contacto con el objeto observarán la misma medida de alegría.

En la vida, los hombres están continuamente motivados por dos inevitables impulsos de repulsión: desde la tristeza y el deseo hasta la búsqueda de la alegría y la realización absoluta. En la búsqueda de abrazar toda la felicidad, se ve obligado a correr detrás de lo agradable y, mientras se enfrenta a los opuestos, evita los objetos indeseables y los ambientes desagradables.

El hecho es este: a lo largo de la historia, todos los triunfadores conscientes o subconscientes han usado cinco principios, que son comunes al progreso absoluto en todos los aspectos de la vida.

Los 5 principios para desbloquear la riqueza

Estos principios son la clave para desbloquear el increíble alijo de riqueza, abundancia y éxito. Todos se centran en nuestras verdaderas cualidades innatas, que de hecho son universales y tienen una base espiritual. Estos principios son:

- Verdad
- la Justicia
- Paz
- Amor
- No violencia

La práctica de estas virtudes permitirá a cualquiera progresar en la vida sin ninguna duda.

La razón es simple.

Todos estos principios universales son atractivos y no hace falta decirlo, forman la piedra angular del código de ética. No puede equivocarse practicando la importancia de los valores morales, los códigos de conducta y obedeciendo la Ley de la Naturaleza en su búsqueda de la Riqueza.

En las próximas páginas, descubrirá el objetivo de alcanzar la libertad financiera y, al mismo tiempo, adquirir el arte perfecto de la felicidad a través de la comprensión de que la medida de la alegría no es "directamente" proporcional a la riqueza monetaria.

Este manuscrito conciso, preciso y directo al punto explora las vías que definitivamente cambiarán su vida para mejor.

A diferencia de muchos otros libros sobre el mismo tema, este manuscrito profundiza en temas relacionados con aspectos de su vida personal, y crecimiento que puedo garantizar que le devolverán la sonrisa a su rostro. Es claro, enfocado y, sobre todo, un libro legible, que usted disfrutará.

¿Nunca puede suceder?

Mientras que el pesimismo nos advierte de los peligros que acechan ante nuestros propios ojos, el optimismo puede llevarnos a una falsa seguridad. El pesimismo solo debe considerarse inicial y no un dilema definitivo en cualquier situación; este es el primer paso para el éxito. Una y otra vez, hemos sido sometidos a instancias perturbadoras, y en lo más profundo de nosotros nos "damos cuenta" de los peligros y riesgos potenciales que nos rodean, y la "voz" interior rechaza firmemente esta situación amenazadora a la que nos enfrentamos, como tal porque no lo hacemos. Reconozca esta "voz" dentro de nosotros, nuestro apego mental al mundo exterior nos separa de la voz interior de "VERDAD", por lo que nos arroja totalmente de las pistas por así decirlo.

El segundo paso hacia el éxito y la riqueza es convencerse de la importancia del autocontrol, la autoconciencia y la autodisciplina.

Debemos escuchar la voz interna y comprender la existencia de la fuerza innata o la Fuerza de Voluntad Dinámica, ¡el poder poderoso que se expresa a través de la mente, el cuerpo y el intelecto! Por lo tanto, el

Segundo paso califica para que desarrolles fe no solo en lo que puedes hacer y lograr, sino, lo que es más importante, en desarrollar fe en ti mismo (tus cualidades innatas, inherentes y latentes).

El tercer paso requiere que a través de la vigilancia constante, empleando el poder de la inteligencia, el autoanálisis y la introspección, y mediante la comprensión y el uso cuidadosos de estos conceptos, pueda aprender a vivir más allá de las demandas de la mente en cualquier entorno en el que se encuentre: esto lo calificará. Implementar y abrazar el camino de la riqueza.

No hay tal cosa como un almuerzo gratis. Si odias hacer cualquier trabajo / esfuerzo pero amas alcanzar el éxito, tendrás que reconsiderar tus puntos de vista.

Entonces, para lograr lo último, tienes que hacer lo primero y la idea sensata es descubrir qué es lo que realmente nos da placer y luego descubrir si es posible ganar dinero haciéndolo.

"Si no empiezas no tendrás éxito".

Persiguiendo la Riqueza

La afirmación "la rapidez hace que el desperdicio" se mantiene vigente incluso hoy, y la mayoría de las veces, algunos de nosotros tendemos a sentirnos frustrados cuando no podemos cumplir con nuestros

Ideales y los estándares que establecemos para nosotros mismos todo el tiempo.

En otras ocasiones, podemos sentir que si hubiéramos aceptado el desafío que se nos presentaba de que tal vez las cosas pudieran haber mejorado, sin embargo, también existe la posibilidad de que en nuestra ansiedad excesiva para alcanzar la meta nos esforcemos demasiado y nos quememos. Fuera por completo.

¿Te ha pasado esto?

La pregunta que ahora queda por preguntarse ¿cómo empezamos, cómo podemos lograr el éxito en la vida?

Bueno, amigo mío, tenga la seguridad de que este libro se ha escrito para responder a esta pregunta satisfactoriamente, eliminando la confusión o anomalías de cualquier tipo.

Hay muchas estrategias que se pueden emplear y varios medios a través de los cuales puedes arar para alcanzar el objetivo. Un hilo común en todos ellos es la confianza en uno mismo, la justicia propia o la honestidad y la vida ética (en palabras, hechos, pensamientos y acciones) relacionados con su estilo de vida: este es el Paso cuatro.

En cualquier negocio, el énfasis en los estándares morales y éticos es el más alto, y esto no debe ignorarse ni pasarse por alto.

La única manera de lograr la ecuanimidad, balance o equilibrio, incluso después de convertirse en la persona más rica es que su sentido de darse cuenta de la verdadera esencia de la vida.

Nada en la vida es constante. La vida es siempre cambiante y las cosas que parecen tener existencia hoy pueden dejar de existir mañana y esto es un hecho que usted - y todos los demás - debe aprender a aceptar.

Paso cinco, cuando descubres algo profundo y hermoso, la tendencia natural es compartirlo con los demás.

En los siguientes capítulos, descubrirá cuáles son las verdaderas formas de lograr un éxito completo, y este es un libro que le permitirá liberar sus cualidades innatas al primer plano, lo que le permitirá obtener los beneficios y las recompensas que miles de personas disfrutan. En este instante, todo el mundo está disfrutando porque se ha vuelto rico.

Siguiendo la guía en las próximas páginas, creo sinceramente que cada persona tiene el potencial de tener éxito en la vida.

"La riqueza es más que solo dinero".

CAPÍTULO UNO

Fundación en IQ financiero

Naturalmente, la mayoría, si no todos, queremos y anhelamos algo mejor. Todo esto es parte de nosotros si queremos un auto más grande, una casa mejor, comprar cosas buenas para la familia. Seguimos esperando más, pero para obtener lo que no tienes, debes hacer algo que nunca antes has hecho.

Eso simplemente significa:

¡Haciendo lo mismo una y otra vez AÚN esperando resultados diferentes!

Como empleado, no puedes permanecer en el mismo trabajo para siempre y esperar que ocurra un milagro y que tu jefe te dé un aumento repentino. Tendrás suerte de que no haya reducción de personal en tu empresa. El cambio a otra compañía solo proporcionará una solución a corto plazo para un problema a largo plazo.

Claro, puedes tomar un segundo o incluso tercer trabajo, pero ¿tienes suficientes horas y resistencia en un día para mantenerlo?

La conclusión: el tiempo de comercio por dinero no es un sentido financiero inteligente a largo plazo. Sigues aumentando las horas solo para ganar la carrera de ratas, pero al final del día, ¡todavía eres una rata en el molino!

El aumento de su salario solo lo coloca en una categoría impositiva más alta. Sus salarios aumentan, pero también lo hacen sus gastos en su casa y automóvil. ¿Cómo invertirás en ti mismo cuando todo el tiempo que pases trabajando para una empresa, trabajando para el gobierno pagando impuestos y trabajando para el banco pagando tu casa y tu automóvil? ¿Qué pasa si te enfermas y no puedes trabajar mañana? ¿El gobierno cuidará de tu familia?

Lo dudo mucho. Entonces, ¿no es hora de que tomes tus finanzas un poco más en serio?

¿Qué es el dinero?

Verás, hay muchas ideas de lo que la gente piensa que es el dinero.

Algunos dicen que es una forma de medición.

Sí, pero ¿una medida de qué? ¿Riqueza? En los viejos tiempos, las personas medían la riqueza por la cantidad de vacas, ovejas y caballos que tenían. ¿Pero la gente mide la riqueza hoy en día por sus vacas y caballos? ¿Qué hay de los esclavos? ¿Hubo un momento en que la mano de obra se considera una mercancía caliente? ¿Los esclavos valen algo hoy? ¿Sus billetes de dólares que se encuentran en el banco lo protegerán si se produce una recesión en el país? No, la riqueza no puede medirse por el billete de un dólar.

Algunos dicen que es una forma de poder.

Sí, el dinero puede darte poder, pero si estás atrapado en una isla desierta para siempre con un billón de dólares, ¿ese dinero significará una posición baja para ti? Si alguien te ofreciera agua y un helicóptero para volar fuera de allí, intercambiarías todo tu dinero en una fracción de segundo, por lo que el dinero no es una medida precisa del poder; depende en gran medida de cómo y de manera inteligente lo uses (¡pista!).

Muchos creen que es la raíz de todo mal... y muchos otros asumen esta creencia sin mucho cuestionamiento.

Ahora... el dinero NO es la raíz de todo mal (de lo contrario, ¿por qué crees que las iglesias siguen aceptando la donación monetaria y la caridad?). El amor al dinero es la raíz de todo mal. Recuerda, el dinero es un excelente sirviente pero un terrible amo. Si está cambiando su vida por el dólar, entonces el dinero tiene poder sobre su tiempo y su vida.

Y a menos que tenga la inteligencia financiera adecuada, la falta de dinero puede generar una gran cantidad de pensamientos malvados y una mentalidad negativa como se observa principalmente en los tramposos, los ladrones, los criminales, las rupturas, los cargadores, y mucho más.

Pero, ¿qué es el dinero, de verdad?

El dinero es una idea, respaldada por la confianza.

Mientras que el dinero ha sido desarrollado naturalmente por los comerciantes en los días anteriores para reemplazar el cuestionable sistema de trueque, el dinero hoy en día es literalmente inventado por los ricos. Los empresarios están dispuestos a compartir su dinero para comprar el tiempo de otras personas. El tiempo de otras personas, es decir, los empleados y las personas que trabajan por cuenta propia se convierte en el activo de su empleador y los empleadores en este recurso invaluable para crear más riqueza para ellos mismos. Y aquí está la cosa: mientras trabajes por dinero, ¡estás esclavizado por él! 80% - 90% de las poblaciones hoy en día están siendo esclavizadas involuntariamente.

Lo que no nos damos cuenta es que hay una parte de nuestra alma que no se puede comprar al precio que sea. ¿Te cortarías el dedo meñique si tu jefe te ofreciera 24 meses de tu salario inmediatamente? Tú y yo sabemos que valemos más que eso. Pero cuando escuchan casos de personas que venden partes de su cuerpo por dinero en efectivo en algunos países, podemos hacer que nuestros globos oculares se salgan de nuestra orbita.

Por otro lado, ocasionalmente vendemos una parte de nosotros mismos por dinero como un burro y una zanahoria.

Conciencia antes del cambio

Ahora, no me malinterpretes: no me estoy molestando en trabajar (trabajé en uno antes de convertirme en un Emprendedor de Internet).

Pero seamos sinceros: nuestras necesidades hoy están creciendo más que nunca en cualquier período de la historia. Los precios suben, los salarios no. Muchas personas que tienen muy poca pensión para demostrar por sus décadas de años de trabajo. Y no se puede adivinar cuántas personas realmente odian el estilo de vida poco saludable e insalubre de levantarse temprano, sobrellevar el estrés durante la mayor parte del día, unirse a los atascos de tráfico, gastar más dinero y tiempo en viajar, disfrutar de muy poco descanso, y repetir el ciclo.

Definitivamente no pinta una buena imagen financiera y de estilo de vida, ¿eh?

El primer paso para cambiar es estar al tanto del problema. La conciencia antes del cambio (o ABC para abreviar) es necesaria si desea realizar algún cambio en la vida para comenzar a tomar el control de su vida financiera y luego salir de la carrera.

Necesitamos la conciencia para saber en qué estado estamos, para saber a dónde vamos. Para empezar, permítanme un ejercicio rápido al salir de este capítulo en breve:

Tiempo y dinero

Generalmente hay cuatro tipos de personas en el mundo:

I.   No hay tiempo, ni dinero.

La mayoría de los empleados entran en la categoría. No puede ir de compras un martes por la tarde o despedir a su jefe cuando lo desee. ¡La mayoría de los empleados ni siquiera pueden ahorrar dinero en su pensión para durar 3 años!

II.   No hay tiempo, mucho dinero.

Autónomos, profesionales y propietarios de pequeñas empresas están en esta categoría. Están un poco mejor que el empleado porque ganan más, pero tienen que trabajar aún más que los empleados para mantenerse al día con los márgenes de ganancia decrecientes, la competencia y el servicio a sus clientes.

III.   Tengo tiempo, no hay dinero.

Muchos agricultores, aldeanos, estudiantes que abandonan la universidad o vagabundos tienen mucho tiempo pero no dinero. Tal vez la ignorancia sea felicidad, pero sin una fuente de ingresos estable, ¿cuánto tiempo puede durar muchos días?

IV.   Tengo tiempo, y mucho dinero.

Es la categoría en la que se encuentran los grandes propietarios de negocios, propietarios e inversionistas. Imagínese, no tener que trabajar por dinero, sino tener dinero para trabajar para usted invirtiéndolos y obteniendo ganancias al usar su dinero para ganar más.

Prueba corta

1. ¿En cuál de las cuatro categorías estás actualmente?

2. ¿En qué categoría deseas estar mañana?

CAPÍTULO DOS

Maneras de lograr la riqueza

Dos modelos de construcción de riqueza

Todos quieren ganar más dinero, pero las personas generalmente se dividen en dos categorías:

Aquellos que traen resultados después de que se les prometa riqueza primero

O

Aquellos que traen los resultados primero, luego son recompensados por otros después

Vamos a explorar los dos grupos en profundidad.

Aquellos que solo mueven sus culos después de que prometieron grandes cheques de pago son más que empleados, novatos o mercenarios.

No hay ningún bien o ningún mal con este tipo de pensamiento, pero considere: una vez más, está cambiando su valioso tiempo por dinero. En lugar de invertir su tiempo en un activo que genera dinero, gasta su tiempo trabajando en algo que es a corto plazo, riqueza limitada y no le proporciona muchos ingresos después de que haya dejado de trabajar.

Considere también que este tipo de visión a corto plazo solo producirá resultados limitados o temporales en el mejor de los casos. ¿Alguna vez has visto a un guardia de seguridad dormido en el trabajo cuando el jefe no está cerca?

Además, la parte en la que nuestras emociones nos superan es cuando permitimos que nuestras vidas se desarrollen persiguiendo al dólar. Es evidente que cuando a un empleado se le ofrece un salario más alto, más beneficios médicos y vacaciones más largas, su corazón comienza a bombear más rápido

Un salario más alto no significa menos problemas financieros. Por el contrario, cuando sus ingresos aumentan, sus compromisos, su categoría impositiva y el tiempo que pasa en su empresa aumentan. Cuanto mayor sea su salario, más débil será su posición porque si su jefe le está pagando un ingreso de 5 cifras y llama a una reunión de emergencia, ¡es mejor que se apresure a ir a la oficina, incluso si está a medio hacer el amor con su esposa!

Creo que la mejor definición de una relación empleado / jefe se puede resumir de esta manera.

Un empleado solo hará lo mínimo para evitar que el jefe lo despida. Ahora vamos a explorar el otro grupo.

Hay muchas personas creativas, inventores, empresarios y líderes empresariales que entran en esta categoría.

Un emprendedor es alguien que siempre tiene buenas ideas.

El primer obstáculo que debemos superar si queremos tener éxito en el segundo grupo es dejar de trabajar por dinero. ¿Qué significa esto? ¿No está ganando dinero parte de tener un buen coeficiente financicro?

Lo que quiero decir con "dejar de trabajar por dinero" no es gratis. Más bien, significa trabajar para obtener las habilidades necesarias que necesita para ser un empresario exitoso (o inventor, inversionista). Permítame ilustrar:

Si no tiene los contactos para dirigir una empresa, ¿cuál sería el mejor lugar para buscar contactos? Por supuesto, los clientes de su competidor.

¿Qué tal el conocimiento del producto? Luego, trabaje con una compañía que le enseñará todos los entresijos de los trucos del oficio.

¿No está familiarizado con la línea de producción de una fábrica? ¡Trabaja en uno! Aprende las cuerdas o gestiona los obreros de fábrica.

¿Miedo a hablar con la gente? Consigue un trabajo de ventas donde te verás obligado a hablar con muchas personas. ¡También es una gran manera de desarrollar la perseverancia!

¡No sabes que la mejor educación que puedes obtener es en la vida real! No en una sala de conferencias.

La conclusión es: ¡no todos tienen lo que se necesita para tener éxito como empresario!

No es tan fácil. ¡A muchos les falta la perseverancia, la mentalidad creativa, las capacidades financieras o las personas necesarias para hacer el trabajo y, por lo general, se rinden demasiado pronto antes de poder ver los resultados! ¡La manera más rápida de lograr que esas habilidades tengan éxito es aprenderlas de forma directa e incluso se te paga en el proceso! No se absorba con la cantidad que le pagan.

Cuando Donald Trump seleccionaba candidatos en The Apprentice, ¡su primera tarea era ir a las calles y vender limonada! Muchos lo encontraría una tarea degradante. Pero para Trump, era muy importante:

si ni siquiera puedes hacer algo tan simple como vender limonada, ¿cómo diablos puedes manejar una tarea desalentadora como el Trump Empire?

De nuevo, déjame enfatizar:

¿Cambiarías tiempo por dinero a corto plazo? (El dinero deja de venir cuando te detienes)

O ¿Negociar tiempo y dinero por un activo a largo plazo que le genere ingresos? (Incluso mucho después de que te hayas detenido)

Dios nos creó con un cerebro. Todo lo que tenemos que hacer es mirar a nuestro alrededor y observar los problemas a superar, ya que cada problema es una oportunidad disfrazada.

Todo depende de ti. Puede ver o no los resultados a corto plazo, pero al utilizar nuestro cerebro y los recursos que nos rodean, podemos crear un verdadero valor que otros están dispuestos a pagar por lo que tenemos para ofrecer.

Tres maneras de hacer dinero

Permítanme resumir las 3 formas de hacer dinero

- Vender tu tiempo por dinero - empleado, trabajador por cuenta propia

- Manifestando y usando ideas creativas - inventores, artistas, programadores

- Aprovechar los recursos y otras personas: empresarios, líderes

Si eres un profesional, ¿has explorado alguna vez escribir un libro electrónico sobre tu campo de especialización? Si está bien escrito, podría proporcionar un nuevo flujo de ingresos, en lugar de que usted venda su tiempo al servicio de sus clientes.

¿Qué tal un programador de computadoras? Puede vender su propio producto revolucionario en lugar de vender sus ideas a la empresa para la que trabaja.

En cuanto a los bienes raíces, en lugar de vender casas, puede reunir fuentes financieras para comprar casas baratas, aumentar su valor y venderlas a un precio más alto. Solo toma un poco de tiempo e investigación para encontrar buenas ideas.

¿Es el dinero un problema? Busque préstamos si puede tomar el riesgo. Reunir el dinero de muchos inversores o buscar una subvención. El cielo es el límite cuando se trata de ganar dinero.

Una vez más, ¿de qué manera quieres alcanzar la riqueza? Respuesta: depende totalmente de ti

CAPÍTULO TRES

La regla más importante en la inversión

¿Qué viene a tu mente cuando mencionas la palabra invertir?

¿Significa, poner su dinero en seguros, fondos mutuos, el mercado de valores o incluso inversiones de alto rendimiento?

Otras personas solo pueden pensar en invertir cuando están a punto de morir y no han dejado nada para su descendencia.

Algunos incluso se estremecen cuando escuchan la palabra, afirmando a menudo que no tienen dinero para invertir o que sienten que es un tema demasiado complicado como para discutirlo.

¡Muchas personas incluso invierten mucho en suplementos para la salud, entrenadores personales y esteticistas para vivir más tiempo, estar más sanos o incluso verse más jóvenes! Imagina el presupuesto publicitario para las empresas de belleza hoy en día.

Todas estas son preocupaciones legítimas cuando se trata de invertir, pero estoy hablando de la inversión más importante que una persona puede hacer en su vida.

Invierte en ti mismo

La regla más importante y la No.1 es "Invierte en ti mismo". Si no lo haces, ¿quién más lo hará?

Tus padres solo invertirán en tu educación solo hasta que dejes la universidad. Pero esas son solo las necesidades básicas provistas y no te enseñan lecciones importantes sobre educación financiera.

¿Dependerías de colegios o universidades para enseñarte cómo hacer dinero? La mayoría de las universidades solo te enseñan habilidades para que puedas ganar dinero trabajando para otras personas. ¿Qué hay de la escuela de negocios? Honestamente, si los profesores de negocios son expertos en negocios, ¿por qué siguen dando conferencias allí en lugar de hacer una fortuna en negocios?

¿Te enseñaría tu jefe cómo tener éxito en los negocios para que algún día, estarás en su posición?

Usted y solo usted tiene que ser lo suficientemente proactivo para asumir esa responsabilidad

Verás, cuando inviertes en ti mismo, significa asumir la importancia de educarte. Educación no académica o técnica, aunque son habilidades necesarias para desarrollarse en la vida. Nuestra educación no se detiene en la universidad.

Para la mayoría de los adultos que trabajan, su educación entra en la etapa de retraso después de dejar la universidad. Dejan de aprender y por eso dejan de crecer. Solo crecen hacia los lados por comer demasiadas pizzas o llevarlas durante sus ocupadas pausas para el almuerzo.

Sabemos que el coeficiente intelectual es importante ¿verdad? ¿Pero por qué las personas más inteligentes del mundo no son las personas más ricas del mundo? ¡Hay muchos contadores y planificadores financieros que corren a sus autos todas las noches tratando de superar las congestiones de tráfico después del trabajo! ¡No son ricos!

¿Qué tal EQ o cociente emocional? ¿Trabajar duro, tener una gran actitud y una mentalidad positiva resuelven nuestra situación financiera? Estos son importantes cuando se maneja un negocio, pero permítanme ilustrar:

Si conduce de Boston a Nueva York utilizando el mapa de ruta incorrecto, ¡no llegará a nuestro destino sin importar qué tan rápido conduzca su automóvil (trabajando duro)! Puedes trabajar más duro, ¡pero solo llegarías más rápido al destino equivocado! Es posible que tengas la mejor actitud del mundo o la mentalidad más positiva, pero aún no llegarás a Nueva York (aunque el viaje no te molestará ya que te sientes positivo al respecto)

La importancia de la educación financiera

Usted debe invertir primero en su IQ financiero.

Tener un buen IQ financiero no se trata de ahorrar toneladas de dinero o de tirarlos a fondos mutuos. Es desarrollar una relación de dinero saludable y crear una gran cantidad de activos que le generarán dinero.

¿Qué se necesita para desarrollar tu IQ financiero?

La gratificación demorada es uno de los aspectos más importantes para desarrollar su IQ financiero. Toma esto como un ejemplo hipotético.

¿Pagarías una pinta de leche o una vaca?

Si compras leche, se consume y se acaba. Tendrás que comprar leche una y otra vez cuando haya terminado. Incluso si la leche cuesta menos que una vaca, a la larga, seguirás comprando leche una y otra vez.

Ahora, si una vaca costara 50 veces más que la leche, es posible que pague por su nariz cuando la compre, pero después de consumir 50 pintas de leche de la vaca, ganaría dinero con su inversión y ahorraría más dinero en ella en el futuro. De hecho, la vaca podría dar a luz a 2 o más terneros y ¡usted podría vender uno de ellos con fines de lucro!

¿Captar la idea?

TODOS son capaces de crear riqueza. Cuando toma un auto viejo golpeado y lo revisa, pinte con una nueva capa de pintura y cambie algunas partes más para que comience a correr nuevamente, podría vender ese auto por más dinero que si solo fuera un auto golpeado. ¡Habrías creado riqueza en el proceso!

¿Qué tal una granja? Si conviertes una granja en un lugar de vacaciones en una casa de campo, ¿no aumentaría el valor del terreno agrícola?

Es el mismo principio para cocineros, programadores de computadoras y artesanos. La suma del todo es mayor que las partes. Todos somos capaces de crear riqueza incluso de la nada y ese es el primer paso para que fluyan nuestros pensamientos creativos.

El valor de cualquier cosa se define por la oferta y la demanda.

No es necesario ser un importante en economía para entender esto. El dinero es solo una idea. ¿Recuerdas el ejemplo de la isla desierta? La verdadera medida del dinero no son los centavos o dólares que representa.

Si ha desarrollado un producto que la gente quiere, ¿le pagarían más de lo normal? ¿Aplicarías tus habilidades para crear buenos activos?

La línea de fondo es esto:

Invertir en activos que aporten valor a largo plazo. Cualquier cosa que te traiga más ingresos es un activo. No inviertas demasiado en pasivos como automóviles o barcos.

Incluso las casas no se consideran activos hasta que se pagan por completo (si perdió su trabajo mañana y no puede pagar por su casa, ¿es su casa un activo o un pasivo?)

¿Está dispuesto a salir de su zona de confort y pagar el precio por el coeficiente intelectual o ignorar los signos de los tiempos y esperar que su jefe, el gobierno y el banco lo cuiden financieramente durante el resto de su vida, viviendo debajo de su ¿Medios y nunca arriesgarse para mejorar el futuro de su familia?

CAPÍTULO CUATRO

Cómo salir de un desastre financiero

Hay dos métodos que puedo recomendar para salir de un desastre financiero.

Estrategias defensivas

El primero es defensivo:

Reduces lo que ya está pasando sucesivamente. No se puede iniciar un negocio estar en un lío financiero. El flujo de caja es más importante que los ingresos. Y debe tener una gran cantidad de flujo de efectivo proveniente de sus bolsillos si va a tener éxito.

Aquí hay algunas cosas que puede reducir

• Fumar: si no puede dejar de fumar, simplemente reduzca algunos cigarrillos.

• Alcohol: el alcohol puede agotar tus finanzas más rápido que un grifo.

- Salidas de noche - pasan algunas noches en su casa pensando en hacer más dinero.

- Apuestas: si planea apostar, es mejor apostar en un negocio.

- Vacaciones y clubes de campo - que no morirán sin no eres miembro.

- Alimentos - Comida sana e incluso se puede pensar más claro.

- La pereza - Lo más importante que celebrar de nuevo.

Lo más importante de todo, no comprar nada que constituye un pasivo. Un pasivo es cualquier cosa que saque dinero de su bolsillo sin importar su valor en el futuro. Piense en términos de flujo de efectivo. ¿Qué puedo invertir en la actualidad que me dará los fondos de mañana?

Ahora vamos a pasar a estrategias ofensivas:

Estrategias ofensivas

Una de las mejores formas, a bajo costo, de invertir en sus habilidades comerciales es unirse a una compañía de mercado. Hay muchas otras opciones, como comenzar un negocio tradicional o tal vez incluso un negocio en línea.

Pero si quiere garantizarse algo concreto en lo que respecta a las habilidades comerciales, mi opinión es sobre el Network Marketing.

Independientemente de lo que haya escuchado acerca de esta industria o cuánto dinero ha perdido la gente allí, la razón más importante por la que recomendaría a todos a invertir en una compañía de mercado en red es por lo que puede aprender allí y no por la cantidad de dinero puede hacer (aunque sería fantástico si pudiera ganarse la vida).

Las empresas de mercado en red son el único lugar donde las personas compartirán sus secretos comerciales de forma GRATUITA. ¡Es lógico porque para que su línea ascendente tenga éxito, ellos querrán que usted también tenga éxito! Por lo tanto, no se abstendrán de enseñarle las habilidades de una persona de negocios.

Además, el costo relativamente bajo de invertir en una compañía de mercado en red lo sorprenderá por lo que puede aprender por el precio que está pagando (¡unas botellas de vitaminas y un kit de negocios para la experiencia de su vida!) Lo capacitarán pacientemente. En las actitudes y habilidades empresariales que necesita para tener éxito en esta industria.

Básicamente, no puede tener éxito en el mercado en red con la mentalidad de un empleado. Una compañía de mercado en red lo capacitará en ventas, comunicación, trabajo en equipo, liderazgo, pensamiento positivo, superación personal, inversión de tiempo y dinero, así como el apoyo de su línea ascendente como un entrenador y mentor personal. Me atrevo a decir que, aunque no hayas ganado un centavo, pero hayas estudiado su programa con diligencia, las habilidades que desarrolles durarán toda la vida.

También puede desarrollar habilidades uniéndose a una agencia de seguros. El trabajo puede ser desafiante, pero esas compañías también le enseñarán las mismas habilidades antes mencionadas y tal vez incluso obtengan algunos consejos sobre planificación financiera.

¿Qué tal un negocio en Internet? Si tiene la aptitud para las computadoras, las empresas de Internet ofrecen un negocio de bajo costo y alto beneficio que puede ganar mucho dinero y acceder a un mercado mundial.

Otros lugares donde puede aprender sobre habilidades empresariales se pueden encontrar en cursos de planificación financiera, cursos de inversión en bienes raíces, cursos de administración del tiempo y mucho más.

Todo lo que he sugerido será la manera más segura de comenzar un nuevo negocio. Sólo estás gastando unos pocos cientos a mil dólares en la creación y la educación. Un negocio tradicional puede ser demasiado arriesgado para alguien sin experiencia comercial. Usted invierte decenas de miles de dólares y puede que tenga dificultades para tratar de lograr un equilibrio. Pero una vez que haya desarrollado las habilidades anteriores, tendrá una mayor probabilidad de éxito.

Lo más importante de todo, además de una buena actitud de aprendizaje, son las personas con las que se mezclan.

Se ha dicho antes; ¡Eres la suma de las cinco personas con las que pasas más tiempo!

Esto es muy difícil de tragar, pero imagínese si comienza a hablar con sus cinco compañeros de cerveza, amigos de póquer que quiere salir solo y hacer una fortuna, ¿qué le dirían? ¡Se reirían de sus calcetines antes de desgarrar tu ego en un millón de pedazos!

En el corazón del hombre están los celos. No quieren que la gente a su alrededor tenga éxito. Si tienes éxito, los hace quedar mal. Saben en sus corazones que no van a ninguna parte, pero aun así adoptan ese estilo de vida y los arrastran con ellos. ¡Robarán tu sueño y te robarán tu libertad financiera si no tienes cuidado!

El punto clave a recordar es: ¡solo mezcle con personas de pensamiento positivo!

El pensamiento positivo no es ilusión. Un ilusionado es un soñador que no toma medidas. El pensamiento positivo está respaldado por la acción y sentirás la energía de las personas que creen en ti y apoyan tus sueños. Entonces comience a buscar personas que seguirán su visión o que estén dispuestas a crecer junto con usted.

Por último, usted debe creer en ti mismo. La tarea de salir de su zona de confort puede parecer aterrador y muchos no apoyarán su sueño. Incluso pueden pasar a la ofensiva incluso si no comparte su sueño. Esa persona puede ser incluso tus padres o tu cónyuge.

Entonces se enfrentará a la pregunta: ¿mi libertad financiera vale el precio que estoy pagando ahora? ¿Puedo vivir un día más con la misma rutina, el mismo trabajo, el mismo sueldo o la misma monotonía? Si la respuesta es no, actúe AHORA. No mañana, te despertarás y te olvidarás de tu sueño.

Escriba su deseo en un pedazo de papel y cuélguelo todo el día. Compártelo con alguien positivo y da ese primer paso.

No te arrepentirás.

CAPÍTULO CINCO

La ley del Éxito

Simplemente entendiendo los principios comunes, de los cuales algunos ya se han discutido anteriormente, uno puede alcanzar el éxito. Se debe hacer un esfuerzo consciente para proporcionar buenas experiencias para la mente. La naturaleza ha provisto al hombre de todo en abundancia, lamentablemente, aunque los seres humanos no se han dado cuenta de este hecho.

Debes decidirte para tener éxito. ¿Cómo puedes hacer esto efectivamente?

¿Cómo se puede desarrollar la voluntad? El éxito viene con la planificación, la determinación y la fe, sin duda. Para determinar este hecho, le sugiero que intente lo siguiente: elija un objetivo que cree que no puede lograr y luego intente con toda su energía y fuerza hacer esa única cosa.

Esto podría ser cualquier cosa, desde dibujar un retrato hasta dominar cómo usar la computadora. Cuando haya alcanzado el éxito, continúe con algo más grande y continúe esforzándose por ejercer su fuerza de voluntad. A pesar de cualquier contratiempo, no se sacuda en absoluto, sino que obtenga fuerza de su entorno y, sobre todo, aprenda de personas con ideas afines que han tratado de lograr el éxito con valentía sin perder la esperanza.

Recuerde a personas como Abraham Lincoln, Henry Ford, la Madre Teresa y muchos más que han alcanzado la codiciada posición debido a su innato poder de fe y su dinámica fuerza de voluntad. Recuerda, tú también puedes lograr el mismo éxito.

Esta ley puede ser aplicada por cualquiera y funciona. Es cierto que nuestros pensamientos y acciones dan forma a nuestro futuro y destino. Debe estar dispuesto a canalizar su talento y sus capacidades innatas en la dirección correcta, de modo que pueda elevarse a nuevas alturas.

Para resumir lo que se ha dicho hasta ahora, permítame recordarle lo que se necesita para tener éxito.

• La planificación es crucial y quizás el paso más importante para su éxito.

• Prepárese para cambiar sus puntos de vista, hábitos y patrones de pensamiento.

- Solo persigue tareas que son importantes. Debe dividir sus necesidades de sus deseos: hay una línea muy fina, así que ejercite la discriminación.

- Vigila tu situación financiera personal. Presupuestar bien y reducir el gasto.

- Rodéate de personas positivas y de quienes tienen éxito. Lee libros sobre personas que han tenido éxito en la vida.

No finjas ser quien no eres. Sé tú mismo y no te muestres.

- Expande tu horizonte y sé entusiasta y ambicioso.

- Es bueno aumentar sus ingresos, pero es incluso mejor invertir en activos que lo harán rico.

- Prepárate para trabajar duro y hacer sacrificios.

Las acciones correctas nos enriquecen, nos fortalecen y nos motivan plenamente, vitalizando nuestros recursos internos.

El cultivo de tales valores y la adhesión a los valores correctos de la vida nos ayudarán a crecer y lograr el éxito.

Un régimen y una exposición tan consistentes pueden moldear nuestro carácter y ayudarán a redimir nuestras tendencias más bajas.

Tiempo para aprender quién eres.

Me gustaría fruncir el ceño a cualquiera que incluso pensara en hacer un comentario, diciendo que el éxito es solo una ilusión.

No nacemos fracasos, déjenme aclarar este punto. Todos hemos tenido éxito en nuestras vidas en algún momento u otro, y esta es una VERDAD innegable.

Los siguientes puntos seguramente te permitirán entender quién eres realmente, y eso es una garantía. Una vez que compruebes tus propios atributos, se vuelve mucho más fácil abrazar ideales que te permitirán saltar a mayores alturas.

1. ¿Eres generalmente entusiasta y positivo o todo lo contrario?

2. ¿Te gusta trabajar duro y te esforzarías un poco más si hicieras lo que más amas?

3. ¿Está siendo todo lo que puede ser? Puede que desee analizar sus fortalezas y debilidades.

4. ¿Está contento con su situación y / o circunstancias actuales?

Al responder a estas tres cuestiones muy importantes, puede determinar su futuro. Recuerden la importancia de la disciplina y la organización mencionada anteriormente.

El siguiente punto que deseo destacar es la simplicidad. No cree innecesariamente dificultades en el camino de su trabajo y la meta del éxito.

Quiero decir, por simplicidad, no complique la situación y no permita que el éxito llegue a su cabeza: la actitud pomposa es otro problema que puede hacerla caer. Sé humilde, asertivo y justo en tus esfuerzos por tener éxito.

Un individuo tranquilo puede lograr virtualmente cualquier cosa simplemente a través del poder de la concentración; esta es una verdad basada en la ciencia.

La investigación ha demostrado claramente que las técnicas como el yoga, la visualización y la relajación pueden aumentar la conciencia, lo que permite al individuo alcanzar su máximo potencial.

Por el poder de la concentración y el enfoque, una persona puede lograr lo que ha deseado.

La necesidad de cambio

Todos somos muy conscientes de que nada permanece permanente en la vida, a pesar de comprender un hecho que la vida misma es un continuo, lo que no hemos podido hacer.

Darse cuenta es que nuestras propias actitudes, condicionamientos y propensiones nos impiden incorporar cambios.

Una de las cosas más difíciles de cambiar es nuestra naturaleza (los pensamientos indelebles), particularmente aquellos que han dejado una marca (plano) en nuestra psique.

Es posible que podamos cambiar muchas cosas a nuestro alrededor, pero la necesidad de cambiar nuestros pensamientos, actitudes y hábitos, que casi con toda seguridad se han convertido en parte de nuestra propia identidad, se vuelve una tarea arduamente difícil.

Al igual que con todas las cosas en la vida, el tiempo puede curar cualquier cosa y todo: darte tiempo para ayudarte a crecer en la vida y sin perder tiempo alcanzar tus metas individuales.

¿Cómo cambiamos nuestra actitud mental? La respuesta es muy fácil: una vez más, no hay ningún secreto como tal, ni es una tarea difícil de implementar. La respuesta principal radica en la palabra cambio en sí. Iniciar cambios graduales en su estilo de vida lo ayudará a alcanzar su meta mucho más rápido. Digo que la respuesta es fácil con respecto a cómo podemos lograr cambios positivos, porque consideremos los hábitos, por ejemplo.

Los hábitos toman tiempo para echar raíces, ya que todos somos muy conscientes. Al igual que "aprendes" tus hábitos con el tiempo, simplemente comienzas a desaprenderlos. Los hábitos son muy difíciles de erradicar a la vez y, por lo tanto, le da tiempo para cuidar sus hábitos. ¿Qué tiene esto que ver con ser feliz y rico, oigo que preguntas?

Bueno, mis amigos, me gustaría devolverles la misma pregunta. Pregúntese por qué no ha podido progresar

Pon en práctica lo que has recogido hasta ahora. Siéntese en un rincón tranquilo y abra su corazón, y resuelva este problema: la respuesta a todos sus problemas, buenos o malos, está dentro de usted. Sin duda, la exactitud del problema variará, pero las razones para ello son auto explicativas.

Se derivan de experiencias, medio ambiente y sus patrones de pensamiento ¿Por qué esa persona. Y puede dejar de fumar y, sin embargo, la persona tiene mucho ¿Dificultades para dejar el hábito, aunque ambos han estado fumando durante diez años y ambos fuman veinte cigarrillos al día? La respuesta está en lo que ya he discutido anteriormente, y son nuestros PENSAMIENTOS.

Lo único que tendrás que cambiar en tu vida es tu percepción actual de quién eres, qué piensan los demás de ti y, finalmente, quién eres realmente.

Si bien puede cambiar sus pensamientos, su entorno y sus estrategias comerciales, tendrá que darse cuenta de que no podrá cambiar la misma Ley de la Naturaleza, es perfecta. Por lo tanto, debemos respetar esto y comenzar a adherirnos a su dinámica de gobierno, sin violarla.

¿Cómo puede la naturaleza afectar nuestro éxito?

Esta es una pregunta válida, pero tras un profundo análisis comprenderá que nosotros, como seres humanos, estamos rompiendo constantemente las reglas, las leyes y los procesos eternos de la vida a diario.

Sin desviarse demasiado del tema, observe cómo el hermoso ritmo de la naturaleza cumple diariamente con su deber, sin discordancias ni interrupciones. Igualmente tenemos mucho que aprender de la naturaleza. La desviación de la verdad conduce a un completo desaliento y fracaso, y romper las Leyes de la Naturaleza traerá desesperación; en resumen, el macrocosmos y el microcosmos son indiferentes.

Las decisiones que tome en su vida determinarán el resultado de sus eventos futuros. Siempre piense primero en lo que está a punto de hacer o en la intención de hacer, y al emprender este acto, cómo lo afectará.

No actúe por impulso, sino que permanezca tranquilo, silencioso y trate de mantener el silencio profundo tanto como pueda. Es simplemente increíble lo que puedes lograr a través del silencio y la introspección.

Te sugiero que realices una forma de ejercicio de relajación, como la meditación o incluso el yoga, para ayudarte a alcanzar la paz y el éxito. Bueno el juicio es un indicador perfecto de la sabiduría a través de la expresión del poder del intelecto a través de la facultad discriminativa.

Si has reconocido claramente tu locura, entonces debes admitir errores y malos hábitos. Si se molesta a los demás o afecta a su salud, la conciencia, la situación financiera, la familia, el bienestar y la paz de la mente, entonces usted debe preguntarse: '¿Cuánto mejor sería yo sin ella?' Si no se beneficia de esto - ¿Por qué incluso tomarlo o pensarlo?

Entendiendo el fracaso

"La razón es el mayor enemigo que tiene la fe".

Esto es un hecho porque es probable que tanto el creyente como el no creyente recurran a esta declaración en apoyo de sus respectivos argumentos.

Ya te has familiarizado con la naturaleza dualista de la vida y, como tal, la razón humana encontrará tanto "pros" como contras para las acciones buenas y malas, respectivamente.

Esto es cuando tienes que aprender a ser guiado por la voz interior de "conciencia". Lo siguiente surge de esta potencia innata, intuición, verdad, paz, justicia, amor, no violencia (en palabras, hechos, acciones y pensamientos) y poder de discriminación. Estos atributos tienen su existencia en el alma.

Esta es la verdad más grande que no puedes permitirte no saber. El esfuerzo es proporcional a la gracia, pero deseo agregar que el éxito es proporcional al esfuerzo solo cuando has aprendido a apreciar las cualidades del amor.

Hagas lo que hagas, pon todo tu esfuerzo y haz lo que hagas con amor absoluto.

Aquellos que están dispuestos a asumir riesgos logran el éxito. Es un hecho conocido, que los jóvenes son más adaptables a los cambios. A medida que envejecemos, se vuelve un poco difícil para lograr cambios y la capacidad de adaptarse a las zonas de confort de gran alcance. Antes de que sea demasiado tarde, elimine el problema desde el principio, no permita que se corra en su sistema. Al igual que un virus, actúe y elimínelo de su sistema a la vez.

El hecho es que nacemos perfectos (no me refiero a esto en un sentido físico de la palabra), pero los rigores del tiempo "adulteran" a esta perfección y, por lo tanto, las infinitas posibilidades que acechan dentro de nosotros se difuminan.

Sin embargo, lo que nos hace superiores es que solo hay un gran regalo codiciado que es nuestro todo el tiempo, y este es nuestro extraordinario poder para descubrir, desarrollar y declarar que nosotros, como seres humanos, tenemos la capacidad de alcanzar grandes alturas. ¡Mentir dentro de nosotros es la fuente infinita de energía que es claramente nuestra!

"Somos víctimas indefensas de nuestros propios deseos".

CAPÍTULO SEIS

Allanando tú camino hacia el Éxito

Escribí este libro con solo una intención en mente y es para ayudarte a comprender y, en última instancia, a comprender el Poder de la Mente.

Lo que pronto descubrirá es una serie de pasos que debe seguir muy estrictamente para determinar su deseo profundo. Estos pasos no son tareas monumentales, sino simples pautas para comenzar.

1. Cree en ti mismo, y en el poder de las afirmaciones. Las personas se vuelven exitosas a través del uso constante de su fuerza de voluntad. No te asustes de percances en las etapas iniciales. Transforma los fracasos en éxito a través de la sabiduría, la fuerza y la fe.

2. Creer en la filosofía de "vida simple y pensamiento elevado".

3. No mantengas nada en contra de nadie. Esfuérzate por superar tus quejas pasadas y sigue adelante. Trata de perdonar a todo el mundo, "el dolor nunca ayuda".

4. La honestidad es la regla de oro. Observe el silencio, medite y elimine todas las tendencias

negativas de su sistema (es decir, los celos, el ego, el odio, el miedo, etc.). Apégate a los siguientes principios, amor, verdad, rectitud, paz y no violencia (ni siquiera debes herir a nadie a través de tu discurso, acciones y pensamientos).

Con absoluta determinación, es relevante que para adquirir éxito se asocie con personas que ya lo han alcanzado.

Para apreciar el propósito de este libro, es de vital importancia examinar los siguientes puntos. Tendrá más sentido para usted ahora, por qué el éxito o el fracaso dependen de cómo se defina:

IMAGEN: Cuanto mejor se sienta con respecto a su imagen de sí mismo, más probabilidades tendrá de éxito. Imagen no significa necesariamente miradas; También tiene un significado más profundo y connota reflexión.

La imagen que puede tener sobre usted es más probable que surja de lo que "piensa" sobre usted. El entorno interno del que he hablado anteriormente puede desempeñar un papel crucial en la determinación de su objetivo final.

EMOCIONES: Es obvio que nuestros pensamientos y sentimientos, que son sutiles, tienen una influencia tremenda en nuestras vidas. La mejor manera de contrarrestar estas fuerzas sutiles es ejercitar el silencio durante la meditación y los ejercicios de relajación.

Es recomendable realizar una forma de ejercicio para mantener tu mente positivamente activa. Por supuesto, el segundo beneficio es la salud. El cuerpo sano sirve como un "vehículo" perfecto para salir adelante.

Cada individuo busca la felicidad en la vida. Ahora, la misma felicidad que buscamos se convierte en una alegría una vez encontrada. Esta alegría puede superar a la "felicidad" simplemente incorporando.

AMOR. Debes compartir el amor en lo que haces y debes amar lo que logras diariamente en tu vida. En el silencio de la noche, realice una introspección y aprenda cómo mejorar su vida (en palabras, hechos, pensamientos y acciones) y agradezca a la energía universal suprema.

Junto con lo que se ha dicho anteriormente, el camino a seguir es la buena capacidad de comunicación, la interacción y la buena relación. En última instancia, esta es la esencia de las virtudes y el carácter que lo harán exitoso.

Desarrolle una personalidad armoniosa y recuerde lo que se mencionó al principio, siempre use palabras amorosas: las palabras pueden traer paz o iniciar una guerra mundial.

Acondicionar tu mente de manera efectiva te permitirá obtener las recompensas. Es una muy buena práctica analizar sus pensamientos diarios justo antes de irse a la cama y anotarlos en su libro de progreso.

Establezca metas y objetivos diariamente y trabaje en ello hasta que los logre.

El tiempo es el bien más preciado de la vida, utilícelo con prudencia: el tiempo perdido es la vida. Cuando decida alcanzar el éxito en su vida, asegúrese de no tener pensamientos en conflicto. Si aprendes a controlar conscientemente y, por lo tanto, a implementar los poderes inagotables dentro de ti, puedes lograr mucho más.

El lenguaje no es más que la expresión de pensamientos y experiencias. La comunicación desempeña un papel vital en su éxito general, y mucho menos en su vida diaria. A través del poder del conocimiento, puede lograr objetivos específicos, porque el secreto de nuestra fuerza está en nuestro conocimiento. Cuando tienes una idea que es viable, es necesario centrarse en ella al cien por cien.

No se lo cuente al mundo, no hay necesidad de tal "show". Reflexione sobre él y conviértalo en un "producto" que tenga una base sólida. Sin una base firme, un edificio no tiene posibilidad de permanecer en pie.

La ley de la prosperidad

No hay daño en el deseo de éxito y en todas las otras cosas buenas de la vida, pero puede estar seguro, el deseo que conduce a la molesta sensación de falta o falta de plenitud puede ser peligroso.

Si, por alguna razón, el deseo conduce a noches de insomnio y frustración, es hora de DEJAR de lo que sea que esté haciendo.

El contentamiento es el verdadero factor único de afirmar tu abundancia. ¡Un deseo egoísta conduce al fracaso absoluto!

La ley espiritual es de hecho muy poderosa.

Dicho esto, debes esforzarte por seguir los siguientes principios diariamente en tu vida. Siempre sé bueno con todos a tu alrededor, no seas traicionero y engañoso. Cuidado con el ego y sé verdadero y sincero.

La consideración es increíblemente importante, por lo que siempre recuérdese a las personas que pueden no ser tan afortunadas y extienda su mano de ayuda tanto como sea posible a quienes lo merecen.

Entrenar tu mente para lograr grandes alturas no es una tarea difícil. En tu tiempo libre, no desperdicies tu energía; en vez de eso, dedica tiempo a contemplar el poder de tu ser innato.

Medita diariamente y visualiza tu éxito y tus metas. Amigos míos, el poder de la mente es simplemente impresionante, el hecho es que ni siquiera usamos 10 por ciento de esto en nuestra vida diaria: ahora, en base a esta comprensión científica, imagínese lo que podría lograr si usara el 90 por ciento restante.

Del mismo modo que saborea la comida cuando la mastica y la prueba, realice todos y cada uno de los actos con un sentido de gratitud y hágalo de buena gana y, lo que es más importante, con alegría.

NO sigas cada pequeño impulso a ciegas, aprende a reflexionar y distinguir entre lo que es temporal y fugaz y lo que perdura, lo que es esencial y lo que no es esencial, entre lo que es agradable y lo que no es digno.

El auto conquista nos dará lo que buscamos. Debe destacarse que el equilibrio también es un ingrediente esencial en su búsqueda del éxito y la riqueza. Debe asignar tiempo para usted y su familia o para los seres queridos. Una felicidad permanente debe ser independiente de un entorno cambiante.

No se convierta en un adicto al trabajo o en un "empresario rico" en su búsqueda del éxito, para que no dañe su relación, y mucho menos sus intentos de triunfar sinceramente en la vida.

No te desvíes del camino de la justicia o de la Ley de la Naturaleza. De hecho, es muy divertido presenciar el éxito y la riqueza, y la alegría que brota está fuera de toda creencia, sin duda. Sin embargo, si la felicidad, la alegría y el éxito se producen al mismo tiempo a expensas de su salud, me temo que todo es un terrible desperdicio.

El camino para ser rico es mediante el empleo de las siguientes virtudes, que es nuestra verdadera naturaleza, y se encuentra no solo en los seres humanos, sino en todo lo que nos rodea: Verdad, justicia, paz, amor y no violencia. Pregúntese, si todos los demás seres humanos apliquen estos atributos de manera consistente, el mundo y sus habitantes prosperarán.

Debemos abordar todo nuestro trabajo (incluidos los problemas) o deberes con energía concentrada y, por lo tanto, ejecutarlo con absoluta perfección. Esforzarse por hacer todas las cosas (por muy pequeño o pequeño que sea su deber o trabajo) de una manera extraordinaria. Realiza todo tu trabajo y deber con AMOR y entusiasmo, y observa los resultados. Nunca intentes nada a medias con calor; No progresarás en la vida.

Poder de las palabras

El poder de las palabras puede tener un impacto muy fuerte en nuestras mentes y en nuestras vidas.

Antes de continuar, me gustaría que reflexionen sobre la siguiente pregunta, ¿podría alguien permanecer en silencio en todo momento?

¿No dejar que nadie sepa lo que está dentro de su corazón y su mente por la mera razón de no ser expresivo verbal o emocionalmente? Sin embargo, puedo decir con certeza que todos y cada uno de nosotros somos habladores silenciosos. Nos hablamos a nosotros mismos de muchas maneras y situaciones, algunas veces nos lastimamos y, sin embargo, en otras ocasiones, el hablar en silencio trae una sonrisa maravillosa a nuestras caras.

La comunicación es por lo tanto muy importante en la vida. Las palabras son poderosas y, dependiendo de cómo se hablen, pueden influir en nuestros procesos de pensamiento, acciones, comportamiento y nuestra visión de la vida diaria.

Por supuesto, dependiendo de cómo se usen, el efecto que pueden tener las palabras es bastante increíble, se pueden usar para persuadir, informar, herir, aliviar el dolor o incluso iniciar una guerra. ¡Las palabras habladas con grandes emociones tienen el poder de generar cambios que pueden acelerar el proceso de curación del cuerpo!

Este enorme poder está en el significado de las palabras, lo que significan para la persona que las escucha. Mucho más que la simple comunicación, la verdad, la falsedad y las sombras infinitas entre ellas, las palabras tienen el poder de manipular el pensamiento y el comportamiento de otras personas.

Es nuestra interpretación de las palabras la verdadera causa de nuestras reacciones emocionales.

Las palabras pronunciadas de manera suave, desinteresada, inocente y con amor absoluto son las que se alojan de forma indeleble en nuestro ser desde donde producen su abrumador efecto de agitación del alma. Por lo tanto, es tan importante utilizar palabras de forma selectiva y adecuada en cualquier momento y situación.

La ciencia moderna está comenzando a apreciar el poderoso efecto que las palabras pueden tener en nuestros cuerpos cuando se usan en forma de oraciones o incluso afirmaciones ¿Sabías que a través de un esfuerzo consciente, podríamos crear una fuerza de voluntad muy fuerte en nosotros mismos?

Afirmación para el éxito:

Perseguiré sin descanso, ya que es mi derecho de nacimiento tener éxito. Soy poderoso y lograré lo que necesito en el momento que lo necesite. Estoy destinado a cosechar los frutos de mis acciones y compartiré mi alegría por el éxito con todo lo que sé.

Beneficios de las afirmaciones

• Autoestima y una visión positiva.

• Te ayuda a alcanzar metas y objetivos.

• Mejora tu memoria y habilidades.

• Ayuda a crear una creencia interna (fuerza de voluntad, confianza y carácter)

• Te puede ayudar a evolucionar espiritualmente.

Las palabras que se hablan con suavidad y con cariño serán atractivas y generarán una admiración instantánea. La riqueza es en sí misma una palabra, y por sí misma no significa nada.

El único factor, que da a la palabra riqueza, el significado es el intelecto. La riqueza de información no se encuentra en ninguna parte, pero está dentro de nosotros en todo momento. El intelecto se cultiva a través de la lógica, y el punto principal es que la lógica seca y la filosofía a menudo pueden resultar contraproducentes. Por lo tanto, es esencial comunicarse de manera efectiva, ya que en la búsqueda de riqueza, tendrá que venderse a sí mismo su negocio o su empresa a través de la comunicación (palabras).

Sin embargo, la comunicación por sí misma no corresponderá a su éxito.

El poder del amor incondicional

Me parece que la gente ha olvidado el verdadero valor, significado y definición de la palabra amor.

¡Puedes exclamar y decir qué tiene que ver el amor con la riqueza! Naturalmente, es difícil definir el amor verdadero, déjeme explicarle, digamos que quiere aprender a nadar, lee libros sobre el arte de convertirse en un buen nadador, pero hasta que no salte a la piscina, el verdadero significado La natación no tiene ningún valor o significado real.

Tendrás que probar la fruta para conocer su sabor real, como dice el dicho.

El amor egoísta arraigado en deseos que de ninguna manera son armoniosos es lo más dañino, y si te "sumerge" en la adquisición de tus metas a través del engaño, calumnia y en contra de todos los principios nobles y éticos, también podrías dejar este libro.

Quienes entienden el amor viven en armonía y es natural que estos individuos atraigan lo que han querido lograr. El mayor poder de atracción en todos los sentidos de la palabra, ya sea una relación, negocio y amistad, es el amor. Como empresario en ciernes, recuerde que el atractivo poder del amor es increíble: debe practicar la compasión, observarse crecer y ver crecer su empresa.

Al lograr cualquier forma de éxito en la vida, resulta pertinente que, sin importar lo que suceda, no obligue a nadie a tener éxito; evite el egoísmo, el orgullo y no imponga su poder a nadie; es un error hacerlo. Es crucial que al hacerte rico, no abuses de tu "poder" recién adquirido. Cuando se usa apropiadamente el poder, sepa que ha alcanzado la gloria.

CONCLUSIÓN

Este libro está escrito con el fin de permitirle discernir los poderes latentes innatos que yacen latentes dentro de cada uno de nosotros.

Los buscadores de oportunidades realmente no pueden darse el lujo de "elegir y elegir", sino que deben aprender a capitalizar todas las oportunidades que se les ofrecen.

Como buscador, aproveche las oportunidades que tienen el potencial de convertirse en una puerta de acceso indispensable para el éxito: se trata de tomar riesgos calculados, controlados, medidos e informados.

Los individuos ricos han creado su propia carrera porque son verdaderos creyentes del éxito.

Estas son personas que no pueden parar hasta lograr el éxito. Se convierten en luchadores rebeldes solo para lograr su objetivo inquebrantable: son guerreros disciplinados que manejan sus armas de verdad, honestidad, sinceridad, compasión, determinación, poder, principios, rectitud, sabiduría, fe, confianza en sí mismos, creatividad, fortaleza y destreza para alcanzarla alturas por excelencia.

La vida funciona estrictamente de acuerdo con las leyes incorregibles de la naturaleza. La razón de esto es establecer la eficiencia, y dentro del ámbito de la ley, el intelecto racional en el hombre puede desarrollarse para una mayor eficiencia.

Ya eres rico, sin embargo, debido a la falta de comprensión de tus poderosas cualidades innatas, estos atributos que se encuentran en abundancia no han encontrado el dinamismo para expresarse y manifestarse.

Finalmente no tomes la vida demasiado en serio. La vida es un viaje posible para todos nosotros, y si estamos dispuestos a darnos la oportunidad de crecer, entonces la vida puede ser una experiencia tan maravillosa. Es muy entretenido, especialmente cuando uno sigue religiosamente sus principios de gobierno.

Sé feliz en todo momento, cuando surjan dificultades, ríete de ellas y emplea la fuerza de voluntad dinámica dentro de ti para luchar contra ellas. Como se mencionó en otra parte, el cuerpo y especialmente la mente es un instrumento increíble que tenemos.

El estado de tranquilidad total es posible y existe una prueba cada vez mayor de establecer la grandeza alcanzada por la gente común a lo largo de la historia:

es hora de que emplee los poderes de su mente para lograr su (s) deseo (s).

ACERCA DEL AUTOR

Javier Palacios es autor, empresario y filántropo. Su misión es compartir e inspirar a los lectores a través de su libro de autoayuda, que permite a las personas alcanzar su destino.

Su afán por compartir información valiosa se convierte en su inspiración para escribir libros que se centran en cambiar las viejas rutinas, superar el comportamiento contraproducente y la espirituali dad. Con una profunda pasión por enseñar, desarrollar habilidades para la vida e inspirar a otros a hacerse cargo de sus vidas, está comprometido con un camino de superación constante e interminable.

ÍNDICE ANALÍTICO

A

Abraham Lincoln, 31
afirmaciones, 41, 49, 50
amistad, 51
apoyo, 26, 38
Apprentice, 12
Autónomos, 7
ayuda, 2

C

calumnia, 51
comerciantes, 4

comunicación, 26, 43, 44, 48, 50
conquista, 46

D

desarrollar, v, 12, 19, 26, 30, 40, 56
dinero, v, vii, 2, 3, 4, 5, 6, 7, 8, 9, 10, 11, 13, 14, 15, 16, 17, 19, 20, 21, 24, 25, 26

E

educación financiera, 17, 19

egoísmo, 52
el bienestar, 38
el mundo, i, vii, 6, 41, 47
el Poder, 41
empresa, 1, 2, 10, 11, 14, 50, 51
empresarios, 4, 11, 14
entusiasmo, 47
entusiasta, 32, 33
espiritualmente, 50
estrictamente, 2, 41, 54
evolucionar, 50
éxito, ii, iv, v, vi, vii, 11, 12, 17, 23, 25, 26, 27, 28, 30, 31, 32, 33, 34, 37, 38, 39, 41, 42, 44, 45, 46, 47, 49, 50, 52, 53
expertos, 17

F

fracaso, 37, 38, 42, 45
frustración, 45
fuerza, iv, 30, 31, 41, 44, 49, 50, 54

G

ganar, v, 2, 8, 9, 15, 17, 26

H

Henry Ford, 31

I

impulso, 37, 46
independiente, 46
insalubre, 6

inteligencia, v, 4
inversionistas, 7
inversores, 15
investigación, 14, 34

L

La afirmación, v
la felicidad, i, iii, 43, 47
la introspección, v, 37
la meditación, 38, 43
la universidad, 7, 17, 18
libertad financiera, iii, 28
libro, 2, iii, vi, vii, 14, 41, 42, 44, 51, 53, 56

M

Madre Teresa, 31
maravillosa, 48, 54
Mente, 41

N

naturaleza, 30, 35, 37, 38, 47, 54
negocios, 7, 17, 25
Network Marketing, 25

P

pagando, 2, 10, 25, 28
pensamiento, 10, 26, 28, 31, 36, 41, 48, 49
pensamientos, vi, 4, 21, 31, 35, 36, 39, 42, 43, 44
perseverancia, 12
poderosas, 48, 54
positivamente, 43

positivo, 19, 26, 28, 29, 33
profesionales, 7

R

rico, vii, 32, 36, 46, 47, 52, 54
riqueza, 3, i, ii, iii, iv, v, vii, 3, 4, 9, 10, 15, 20, 21, 46, 47, 50, 51

S

sensación, 45

T

trabajando, 2, 10, 17, 19
Transforma, 41

V

Vacaciones, 24
vida, i, ii, iii, vi, vii, 4, 6, 12, 17, 18, 22, 25, 26, 28, 32, 34, 35, 36, 37, 38, 41, 43, 44, 45, 46, 47, 48, 52, 54, 56
voluntad, 30, 31, 41, 49, 50, 54

Made in the USA
Las Vegas, NV
28 February 2024